MADELEINE HEUBLEIN

REIGEN

MADELEINE HEUBLEIN

REIGEN

Projekte-
Verlag
Cornelius

WORTE FÜR MADELEINE HEUBLEIN

Es sind nur Worte, die wir wechseln, als wir über die Wirkung des Vorzeigens ihrer Bilder sprechen. Mittelgroß, fest und klar steht sie vor mir, schaut mich an und folgert ihre Wünsche in zwei oder drei Sätzen: Hier sei ein bemerkenswertes Bild angebracht. Eines, das Aufmerksamkeit verlangt. Dort, gegenüber, dieses Bild würde mit dem anderen Bild und dem Betrachter reden. Ein Gespräch zu Dritt. Der Mensch als Achse in einer Linie der Bilder. An der Seite sei es wichtig, diese Geschichte weiter zu erzählen, die einen Reigen bilden soll.

Ihre Bilder sind es, die zwischen einem Hauch empfindsamer Anmut und feinem Glas im Raum alles auf sich ziehen. Ich war in ihrem Atelier. Meine Augen beginnen zu denken und ich sehe den Reigen an den saphirgrünen Wänden in der Galerie. Ein bildnerisches Wunder aus Kraft und Zartheit zugleich.
Madeleine Heubleins Werke sind fast unnahbar, kaum fassbar und von einer Vornehmheit, die alles sonst ums Bild zurücktreten lassen. Der Reigen tritt mir gegenüber fest auf und verlangt das Gespräch mit mir. Selten kam es mir so vor, als redeten die Köpfe und die Leiber. Flüsternd, weil pastellfarben und durchsichtig, eben einem Hauch ähnlich.

Das leise Erzählte bricht auf und zeigt mir Wunden, die nicht bluten, nicht herrisch, nicht martialisch männlich, sondern weiblich sind. Die Verletzungen, die diesen Körpern und Köpfen zugefügt wurden. Die Verhüllungen, ein Schutz bildend wie das Verstecken vor fremden Augen durch das Schließen der eigenen. Das Nachdenken führt mich bis in die »Kindheit« der Bilder zurück. Wann sind sie entstanden? Was wurde von M. H. gefühlt und über die Hand auf das Material gebracht. Woher kommt dieser ins Ungeheuerliche gehende Bruch zwischen der Leichtigkeit, dem Schwebenden und dieser Verschlossenheit, ja sogar der Weltverweigerung.

So sind die Bilder wahrscheinlich nur die einzigen Beweise und Zeugnisse des Unaussprechlichen, was in der Künstlerin Madeleine Heublein tief versteckt lebt und keine Worte findet. Dafür hat sie die Farbe, die Drucke, das Leinen in die Hände genommen und bietet es den Augen des Besuchers an.

Gratulation zur Ausstellung im März 2012 in der Galerie des Buch- und Kunsthauses Cornelius.

REINHARDT O. CORNELIUS-HAHN

ENDLOSER REIGEN, MIT DEM KÖRPER GESCHRIEBEN

Ein eigenes Reich, Madeleine Heubleins Malereien, Zeichnungen und Grafiken. Wie gegen Widerstände gewachsen, entfaltet sich ein Werk, das mit dem Körper geschrieben ist, und in das der Körper als prägendes Zeichen Eingang gefunden hat. Da schreibt eine aus sich heraus, nimmt sich stellvertretend für die vielen anderen, verlässt sich auf ihr Körperempfinden, ihre leiblichen Erfahrungen, daraus ihre Kunstgebilde, Kunst-Körper wachsen zu lassen, diese dabei so nah wie möglich an sich heran zu nehmen, quasi in sie einzugehen, wie sie so weit wie möglich von sich zu schieben, Abstand zu setzen.

Werden und Vergehen, Auftauchen und Verschwinden durchziehen wie große thematische Bögen die Arbeiten, führen von den Zeichnungen zu den Malereien, finden sich in den grafischen Blättern und kehren erneut zu den Zeichnungen zurück. Immer sind es Übergangszonen, in denen sich die Dargestellten befinden, aus denen sie herausdrängen, sichtbar zu werden, oder sich abwenden, im Unsichtbaren wieder zu verschwinden.

Körper, Figurinen und Torsi, Köpfe und Gesichter, fragmentarische Figuren, Hüllen und Höhlungen zeigen sich in diesem Werk, werden zusammengeführt wie zu einem einzigen Reigen, verfangen in Metamorphosen.

In den Malereien wird das physisch greifbar. Das geschieht nicht durch thematische Setzungen, nicht durch die aufs Erzählerische ausgerichtete inhaltliche Struktur, es vollzieht sich vor allem durch die Art der malerischen Umsetzung; wie die Figuren zwischen Vorder- und Hintergrund verharren, den Bildraum engen oder weiten, ihn manchmal geradezu zu dünnen Schichten gerinnen lassen, durch die sich die Figuren hindurchbewegen oder in ihnen hängen bleiben.

Reigen (2005), eine Abfolge sechs hochformatiger Malereien lässt dieses Wechselspiel von Auftauchen und Verschwinden selbst zum Thema werden. Sechs Frauenfiguren, aufeinander bezogen, einander antwortend, eingefangen in schmale Hochformate, fügen sich zu einer Art Lebensreigen.

Auf den ersten drei Bildern kommen die Figuren in tänzerischen Bewegungen in die Sichtbarkeit, zeigen sich, sind da, um auf den letzten drei Bildern in fleischloser Starre wieder von den Leinwänden aufgesogen zu werden, in ihnen zu vergehen. Bereits die mädchenhaften Figuren der drei ersten Tafeln tragen Brüche in sich, auch wenn sie sich noch auf hoffende Weise aus den Bildern herausbewegen, sich dem Bildaußen zuwenden. Die unübersehbare Kette, mit der eine der drei umfangen ist, schränkt ihre Bewegungen ein, lässt ahnen, dass es sich nicht um ein heiteres Spiel handelt, auch wenn gerade das die Figur ist, die am stärksten im Goldgelb des sie umgebenden

Lichts erstrahlt. Nicht von ungefähr erinnert dieses Gelb, vor dessen Hintergrund auch die zwei anderen Tanzenden agieren, an die Goldgründe mittelalterlicher Malerei, wird damit zum Symbol für Transzendenz. Der lichtgelbe Raum dieser ersten drei Reigen-Bilder weist somit auf hinter allem Sichtbaren verborgene Seinszusammenhänge, weitet den Reigen in eine andere Dimension.

In den weiteren drei Tafeln, bei denen die Figuren vor blauen Gründen treiben, spricht sich dieses Grenzland unmittelbar aus. Das bei allen Brüchen erwartungsvoll Offene der ersten drei Malereien schlägt ins traumatisch Starre um. Die Körper sind zerborsten, heillos zertanzt, leere Kleiderhüllen, Stützkorsagen ähnlich, in denen bereits das Andere nistet. Die Schädel mit den schwarzen Augenhöhlen werden direkte Zeichen des Todes.

Spätestens jetzt kann die gesamte Folge auch als Mysterium des Todes, des Verschwindens überhaupt gesehen werden. Der Reigen wird existentielles Grenzland möglicher Erfahrungen, ein Grenzland, das produktives Moment künstlerischen Tuns überhaupt ist, in dem sich die Sinnfragen des Lebens immer wieder neu stellen, ohne je eindeutig beantwortet werden zu können.

Die drei Malereien zur Pythia (2011) bilden hingegen eine eher lockere Bildfolge, sind eigentlich Variationen zu einem Thema. Auch hier geht es um mehr, als im ersten Hinsehen zu erfassen ist. Zu sehen sind Brustbilder von Frauen, die eigenwillig fragil ins Querformat der Leinwände gespannt sind, als könnten sie sich weder richtig zeigen noch völlig verschwinden. Die Gründe, vor denen sie auftauchen, sind in fahler Tonigkeit gelbgrauer Farben gemalt, nur einmal aufleuchtend in kontrastierendem Rot. Sie lassen einen diffus schwingenden Bildraum erahnen, vor dem sie sacht in ihre Konturen finden, mit Augen, die nach innen wie außen gleichzeitig zu blicken scheinen.

Pythias dienten als Priesterinnen zu Delphi dem Gott Apoll. Sie hockten auf einem Dreifuß über einer Felsspalte, umhüllt von aus der Bergtiefe aufsteigenden Dämpfen, die sie in Trance versetzten und empfingen so Apolls Orakelsprüche, die sie an die nach ihrem Schicksal Fragenden weitergaben. Deuten konnten sie die Orakel nicht, sie, meist einfache Töchter Delphis, dienten nur als Medien. Ausgelegt wurden die Orakel von den männlichen Oberpriestern.

Madeleine Heubleins drei Bilder zeigen eindeutig eine gegenwärtige Situation, nur die tranceähnlichen Haltungen verweisen noch auf das antike Vorbild, das hier zu beklemmender Gegenwärtigkeit geführt wird. Die Assoziationen stellen sich wie von selbst ein. Aus den einst aufsteigenden Dämpfen, mit denen Apolls Orakel in die Pythias eingingen, haben sich die Unschärfen eines heutigen Fernsehbildes geformt. Die Konturen der drei »Nachrichtensprecherinnen« verschwimmen wie auf einem verlöschenden Bildschirm. Von wem auch immer sie ihre Sprüche empfangen, bleibt ebenso im Ungefähren wie sie selbst.

Was hier auf den Leinwänden auftaucht, ist kein Tempel des Apoll, es ist modernes Medienrauschen, sind Bildstörungen, unhörbare Töne, verschlossene Regionen. Von der Antike ins Heute, was für ein kurzer Schritt, wie folgerichtig diese Zeitschablone, als liefe etwas vorwärts und rückwärts in einem.

Wenn die Malereien stärkere Töne anschlagen, komprimierter und fassbarer sind, die gemalten Figuren oder Gegenstände inhaltlich greifbarer, umschließen die Farbzeichnungen und Aquarelle einen privateren Raum. Sie sind spontaner und leichter, zugleich vorsichtiger und zurückhaltender, das Ungefähre wird bestimmender. Wie bei den Malereien geht es um Körper, um Zustände zwischen Traum und Trauma, Schlaf und Wachsein, Geschichte und Gegenwärtigem. Doch hier können sich Sehnsucht und Zweifel auch in Stille und Ruhe wandeln, kann Ironie aufblitzen, Spiel sich einmischen.
Die Künstlerin zeichnet nicht vor der Natur und auch nicht vor dem Modell, sie macht keine Skizzen und hält nicht auf Papieren fest, was sie sieht. In sie geht die Welt täglich ein, wie nebenher, stetiger Prozess, durch Teilhabe und Betroffensein, durch Essen und Trinken, Nähe und Distanz, durch Lesen und Musikhören, durch Filme und die bekannten Banalitäten des Alltags. All das verwebt sich in ihr, erzeugt die inneren Bilder, die halluzinierten wie wirklich geträumten, von denen sie endlose zur Verfügung hat, die es sie geradezu manisch drängt, aus sich herauszuschreiben. Nicht zuletzt unter diesem Zwang entsteht jeden Tag, das ist wie ein Ritual, eine farbige Zeichnung im immergleichen kleinen Format. Das sind ihre Notate, die sich inzwischen stapeln, wenige erst zu Heften verbunden. Sie sind Formenvorrat, Assoziationsmuster und grundieren ihr künstlerisches Tun mit Gewissheiten.
Aus diesen Notaten wachsen all ihre anderen Papierarbeiten, werden von hier gespeist. Es sind mit Tinten, Lack- und Aquarellfarben getuschte und geschriebene Blätter, innere Bilder, die von zarten Gespinsten bis zu handfesten Vorstellungen reichen. Kostbare Gründe, Bütten- und Japanpapiere spannen sich wie fordernde Fonds unter den Formulierungen, Bildträgern, die feinste Farbtönungen aufnehmen können, auf denen das Schwarz wie eine dunkle Botschaft stehen kann.
Reisende (2006) warten mit skurrilen Kopfbedeckungen auf, treten in sich versunken hinter geschlossenen Lidern ihre Reisen ins Innere an. Wie außerhalb der Welt, gleichen sie selbst wiederum beschworenen Träumen, verfangen in den Blattgevierten, hier in aller Ewigkeit auf irgendeine Erweckung zu warten, sparsam von zarten Rottönen umfangen.
Melancholie umgibt die Gesichter, die den Frühen Abend (2007) symbolisieren, Zeit des Abschieds vom Tag, der sich der Nacht zuneigt. Auch diese Gesichter sind ganz auf die Blätter gebannt, senken sich in die Gründe wie geheime Zeichen.

Im Alten Lied (2006) lauschen die mädchenhaften Halbfiguren einer fern verklingenden Musik nach und werden dabei selbst zu Melodien, die aus dem Vergessen aufsteigen, fragil, kaum festzuhalten, als würden sie jeden Augenblick wieder verklingen können.

Von großer Dichte die Blattfolgen der Sirenen (2006) und Engel (2006). Die Sirenen lassen ihre Vogelkörper nicht einmal mehr ahnen. Der betörende Gesang dieser Musen des Jenseits, mit der Macht zu verführen und zu töten, ist zu einem inneren Kern geronnen. Die torsohaften Gestalten mit den sich auflösenden Konturen tragen das Dämonische nur in Haltung und Blicken noch in sich. Es hat sich wie ein Lauern in die Formen geschrieben, klingt in der luftigen Kühle der Blätter nach, die in virtuoser Leichtigkeit von zartem Violett durchzogen sind, auf denen sich das Schwarz von innen über die Gesichter und Körper breitet. Machtvoll machtlos, aufgegeben und dennoch präsent, als könnten sie jeden Moment wieder ihren lockenden Gesang anstimmen, fehlte nur ein Wort, sie aus ihrem Schlaf zu wecken.

Die Engelsgestalten hingegen geheimnislos direkt, die Flügel verloren. Ihre Körper weisen Spuren erlittener Verletzungen auf, sprechen von Einschnitten ins Fleisch, der Vergeblichkeit ihres Tuns. Nur ihre hingegeben gefasste Haltung erinnert an ihr einst »höheres Dasein«. Beinah sachlich zu Papier gebracht, in leicht manierierter Bewegtheit, diese Menschwerdung der Engel, ambivalent bis zum Schmerz, der daraus spricht.

Frei und groß spannen sich hingegen die Torsi (2005) von Frauenkörpern in die Blattgevierte, recken sich in hellen Tönen empor, akzentuiert von roten Linien, die Selbstbewusstsein und Kraft unterstreichen.

In der Blattfolge Last (2008) geht es um die verschiedensten Lasten, die jeder zu tragen hat. Auf den Blättern wird das zu einer Art Kräftemessen, und die Lasten, die als rechteckige Formen auf die Dargestellten kommen, treiben mit ihnen groteske Spiele, zwingen sie, unmögliche Haltungen einzunehmen. Unentrinnbare Zwangsläufigkeiten tun sich auf, wo es doch so sichtbar einfach scheint, die Lasten abzuwerfen, sich ihrer zu entledigen.

Wieder anders die mit schwarzem Lack auf Glas aufgebrachten Monotypien. Auf die Papiere übertragen, zeigen sich schwarze Pinselspuren, die sich kreuzen und überlagern, sich zu tiefer Dunkelheit verbinden oder in Verwirrung aufbrechen.

Die Gorgonen (2011) mit ihrem versteinernden Blick. Madeleine Heublein setzt die Köpfe emblematisch in die Mitte der Blätter, das Schlangenhaar zu eigenwilligem Kopfputz getürmt, Gezweig zwischen Vogelnest und Dornenkrone. Welche Macht mag noch von diesen Gorgonen ausgehen, die zu Amuletten geschrumpft scheinen. Macht und Vergänglichkeit, Mythos und Geschichte, hier kreuzen sie sich, geronnen zu uralten Zeichen, für die es kaum noch Übersetzungen gibt, und die dennoch unser kulturelles Gedächtnis mitbestimmen.

Die Katastase-Blätter (2011) lassen den Körper ganz direkt zum Menetekel werden, der sich zu grotesken Verrenkungen verbiegt, Gliedmaßen hinzuerfunden bekommt. Groß, eng an die Blattränder geführt, getrieben in äußerste Verwirrung, bis hin zu Komik und Raserei. Katastase meint in der griechischen Tragödie den Moment der höchsten Anspannung, alle Fäden sind gezogen, alle Ereignisse verknüpft. Es ist kurz vor der Katastrophe, vor der Auflösung der Spannung, hinein in ein Nichts oder hin zu einem neuen Anfang. Waches Zeitgefühl spricht aus diesen Figurenverquerungen, die genau diesen katastatischen Punkt erreicht haben. Der schwarze Lack auf der Glasplatte hat sich ganz ins Papier gesenkt, wie eingebrannt, unentwirrbare Zurechtschnürungen, der nur die Katastrophe beikommen kann, alle Warnungen verbraucht.

Bei allem, was die Künstlerin schafft, ist das Handwerk, das Machen selbst, nie bloßes Mittel zum Zweck. Es scheint sie auf besondere Weise an die Realität zu binden, ihre Traumgebilde zu erden. Und sie verspürt Lust dabei, kann sich freuen, an der Materialität von Farben, der Beschaffenheit besonderer Papiere, kann sich Pinselspuren hingeben, sie auskosten. Es erfüllt sie mit Neugier, wenn die Feder über frisch aufgetragene noch feuchte Aquarellfarbe ihre schwarzen Linien zieht, die auslaufen, kristallin erstarren. Das sind ästhetische Raffinessen, denen die Künstlerin durchaus folgt, sich von ihnen auch verführen und treiben lässt, sie genießen kann, um sie zugleich einzubinden in ihr inhaltliches Wollen. Eine Balance, die sie meistert, und die sie vor bloßen Bebilderungen von Geschichten und Geschichte schützt, das Assoziative ihres Arbeitens sinnfällig macht, ihr im Prozess des Machens Erkenntnisse zuführt, die in Bildern zu denkende sind.

INA GILLE, FEBRUAR 2012

REIGEN I–III · 2005 · Öl/Leinwand · 200 x 70

REIGEN

I
Ein Kreis. Wir halten uns an den Händen. Zögerlich gleiten Füße zur Seite. Langsam richten wir die Körper aus, drehen Schulter und Hüften nach rechts. Und ein Gehen, ein vorsichtiges Fallen nach vorne beginnt.

Wir tasten uns voran, folgen dem, der vor uns läuft, Hand in Hand. Das Gehen wird schneller, wir schreiten, wir laufen, wir rennen. Als wäre da in uns eine Musik, die uns in ihrem Rhythmus zwingt. Jäh bricht sie ab, setzt wieder ein, ganz anders, das Tempo wechselt. Der Kreis stoppt, wir stolpern, verharren, wechseln die Richtung. Schon längst hat er seine Form verloren. Ein Stöhnen, ein Schnaufen, ein Husten. Alles vergessen: Gleichmaß, Harmonie, das Ineinanderübergehen der Bewegungen. Nur die Hände kleben aneinander.

Irgendwann und irgendwo endet der Reigen, klingt aus, fällt in sich zusammen. Die Musik erloschen. Dem steten Wechsel folgt Starre. Am Schluss: liegt da nur ein Mensch. Wir selbst.

II
Wir erkennen uns nicht wieder. Jeden Morgen der Blick in den Spiegel. Sind wir der, der wir gestern waren? Und vorgestern, waren wir da wieder anders? Eine Nacht, und vieles ist verändert; ein Tag, und alle Kenntlichkeit verschwunden.

Gestern noch klarer Blick, strahlende Stirn, unbedrängtes Leben. Heute aber Wunden, Narben, die hervortreten, ermattete Bewegungen. Morgen jedoch, vielleicht, Mut aus dem Innern, Kämpferisches im Gemüt, Lust. Das Drehen und Wenden nimmt kein Ende. Immer wieder sind wir ein anderer. Die Flucht hin zum Anderssein ist unser Schicksal. Kaum meinen wir uns zu kennen, können wir uns nicht mehr fassen. Ständig wächst etwas in uns, ständig stirbt etwas in uns. Jede Bewegung, jede Begegnung, jede Erfahrung wandelt uns, gibt uns ein neues Gesicht. Unaufhörlich vollzieht sich die Metamorphose.

Und wie unsere Gesichter, so mehren sich auch unsere Spiegel. Der eine Spiegel kann die Wahrheit nicht fassen.

Manchmal kommen wir dorthin zurück, wo wir schon waren. Der Kreis scheint geschlossen, wir sind wieder am Ausgangspunkt. Aber auch dies bleibt Täuschung. Am alten Platz stehend, fühlen wir, wir sind Fremde.

III

Gehen wir unter die Haut, so stellen wir uns der Offenbarung. Die Haut gleicht einem Palimpsest. Jede Veränderung, jede Wendung, jeder Schritt hat sich eingeschrieben. Alles Neue überschreibt das Vorangegangene und wird selbst wieder überschrieben. Doch alles bleibt gespeichert, nichts geht verloren. Die Sedimente des Vergangenen lasten auf unseren Körpern. Die Gebirge des Erfahrenen in Kopf und Gliedern, auf Herz und Leib. Sie gestalten uns um, innen wie außen, im Takt unseres Handelns und Sich-Selbstbegegnens.

Bei allem Rausch des Drehens und Veränderns schauen wir gerne zurück und suchen in uns das kleine Kind, das wir gewesen. Nichts wichtiger als diese Verbindung. Wir wollen es bei uns aufgehoben wissen. Es ist das Zeugnis unserer Ganzheit, die Sicherheit, beheimatet zu sein. Dass all dies, was wir von uns hoffen, keiner Schimäre gleicht. Allein, dieser Blick hin zu den Anfangsgründen ähnelt einer Bohrung in die Tiefen der Erde. Viele Schichten unseres Tuns haben sich abgelagert, drücken und pressen auf das, was am Ursprung war. Wir greifen in ein bedrohliches Dunkel.

IV

Wir drehen uns im Kreis. Der Kreis zieht uns mit sich fort. Jeder Tag ein anderer Ort, jeder Tag ein anderes Gesicht.

Wir umrunden uns, aber kommen wir uns nahe?

Nur im Reigen sind wir ganz.

Nur im Reigen können wir uns sehen.

MADELEINE HEUBLEIN

PYTHIA I (Ausschnitt) · 2011 · Öl/Leinwand · 100 x 120

PYTHIA III · 2011 · Öl/Leinwand · 100 x 120

ALTES LIED VII, VIII · 2011 · Aquarell/Tusche/Bütten · 40 x 27

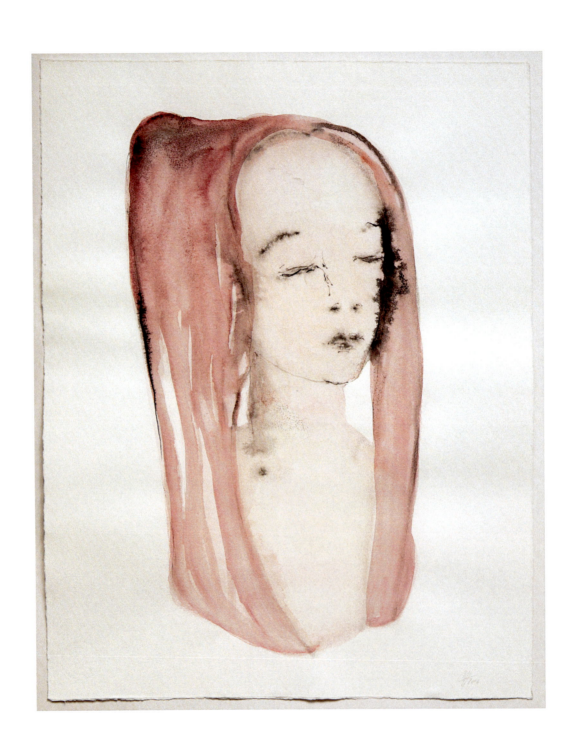

REISENDE I, III · 2007 · Aquarell/Tusche/Bütten · 54 x 40

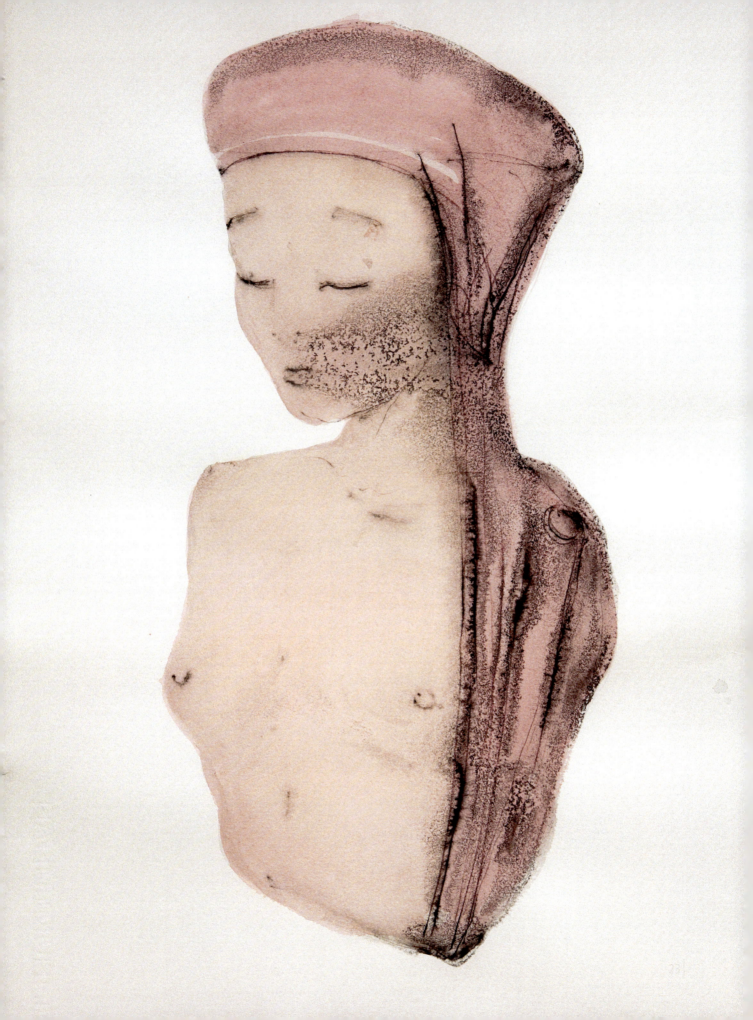

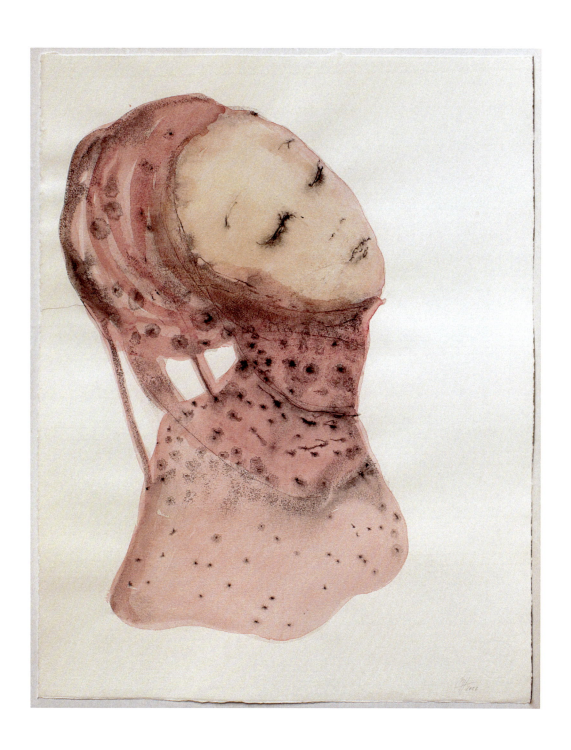

REISENDE V · 2007 · Aquarell/Tusche/Bütten · 54 x 40

FRÜHER ABEND II · 2007 · Aquarell/Tusche/Bütten · 54 x 40

FRÜHER ABEND III · 2007 · Aquarell/Tusche/Bütten · 54 x 40

ALTES LIED III · 2006 · Aquarell/Tusche/Bütten · 54 x 40

SERENISSIMA I · 2007 · Aquarell/Tusche/Bütten · 73 x 54

SERENISSIMA II · 2007 · Aquarell/Tusche/Bütten · 73 x 54

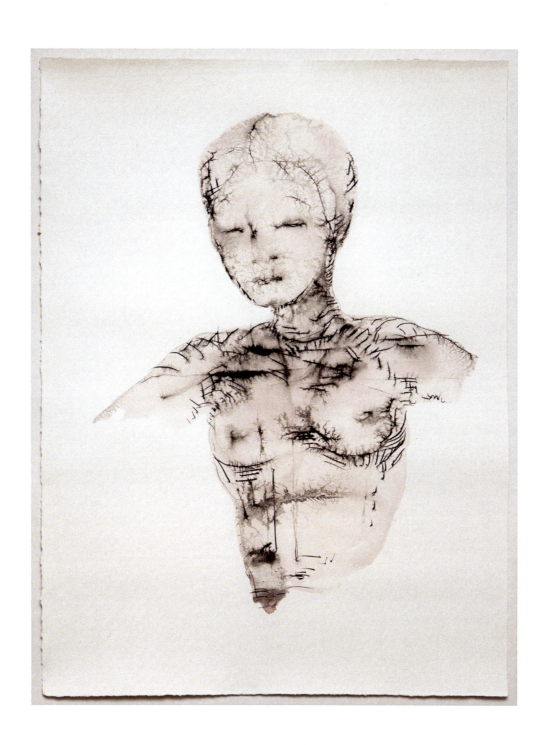

SERENISSIMA III · 2007 · Aquarell/Tusche/Bütten · 73 x 54

SERENISSIMA IV · 2007 · Aquarell/Tusche/Bütten · 73 x 54

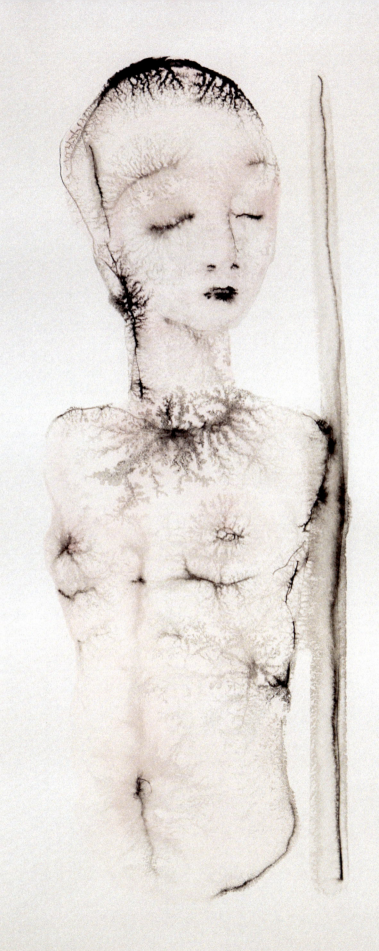

SIRENE II · 2006 · Aquarell/Tusche/Bütten · 73 x 54

SIRENE III · 2006 · Aquarell/Tusche/Bütten · 73 x 54

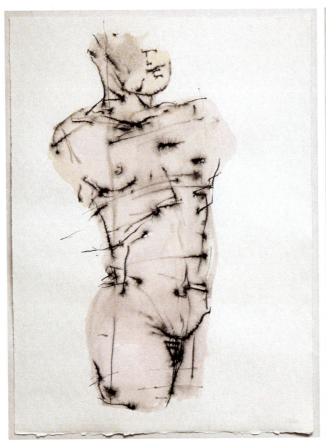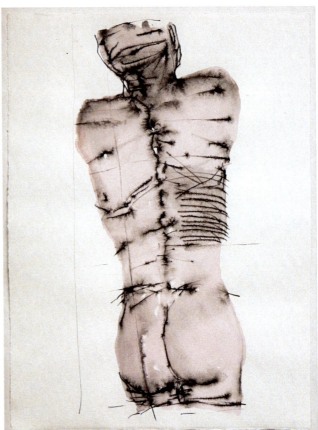

ENGEL I–III · 2006 · Aquarell/Tusche/Bütten · 73 x 54

GORGO II · 2011 · Monotypie · 40 x 30

GORGO IV · 2011 · Monotypie · 40 x 30

GORGO III · 2011 · Monotypie · 40 x 30

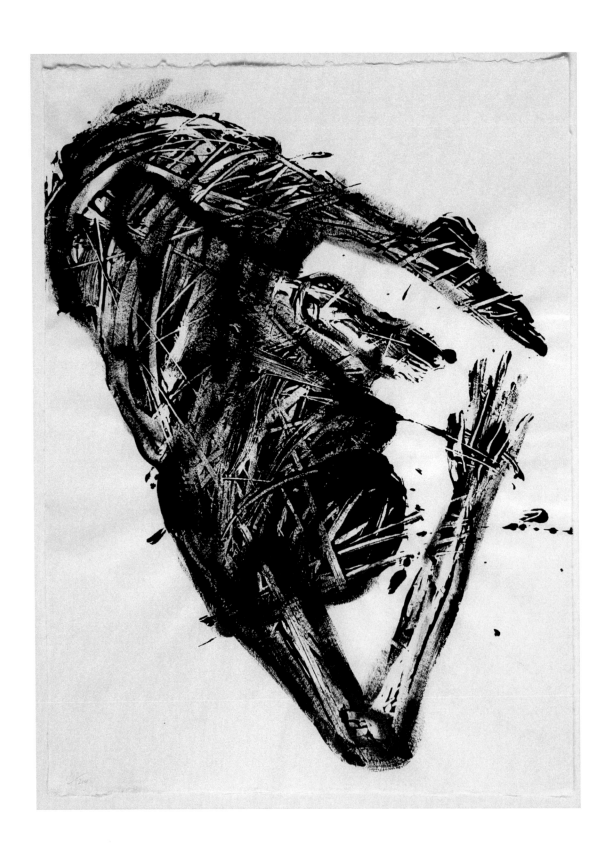

KATASTASE I · 2011 · Monotypie · 70 x 50

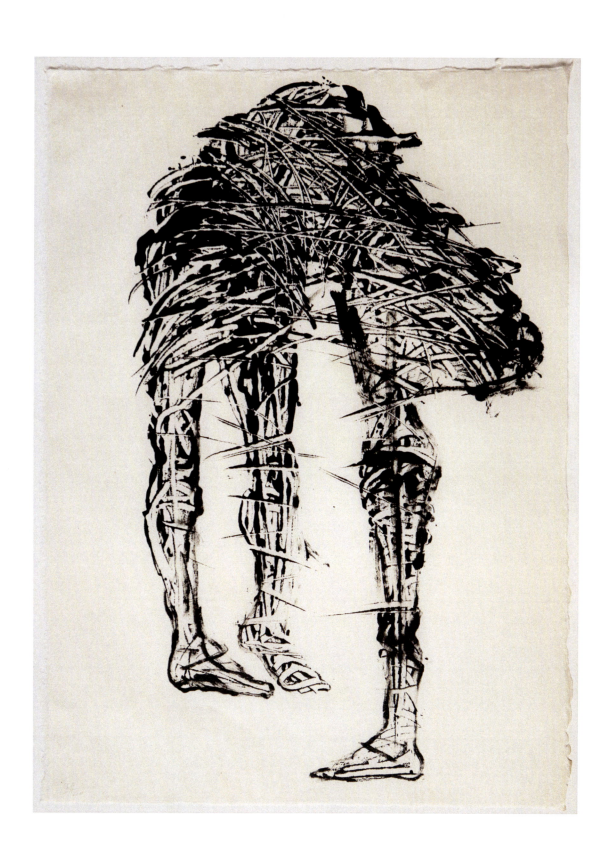

KATASTASE II · 2011 · Monotypie · 70 x 60

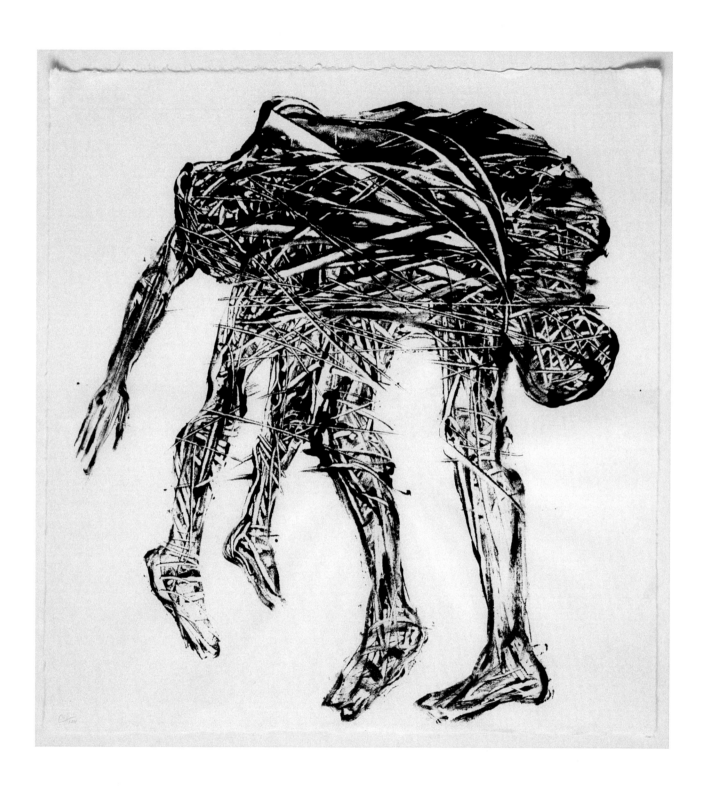

NOTAT II · 2007 · Aquarell/Tusche/Bütten · 27 x 20

NOTAT IV · 2007 · Aquarell/Tusche/Bütten · 27 x 20

NOTAT I · 2007 · Aquarell/Tusche/Bütten · 27 x 20

TORSO IV · 2009 · Aquarell/Tusche/Bütten · 36 x 26

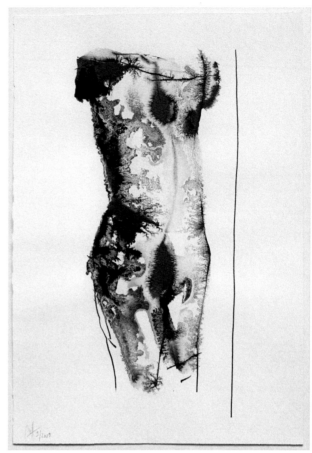

TORSO V · 2009 · Aquarell/Tusche/Bütten · 36 x 26

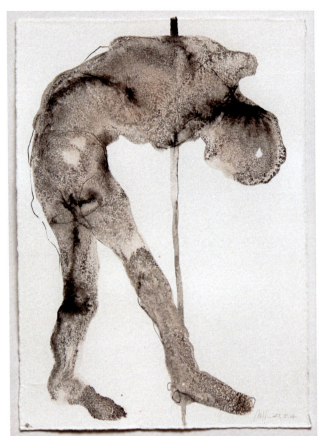

STAB I, III · 2007 · Aquarell/Tusche/Bütten · 27 x 20

STAB II · 2007 · Aquarell/Tusche/Bütten · 27 x 20

LAST VIII · 2008 · Aquarell/Tusche/Bütten · 27 x 20

LAST IV · 2008 · Aquarell/Tusche/Bütten · 27 x 20

LAST VI · 2008 · Aquarell/Tusche/Bütten · 27 x 20

LAST IX · 2008 · Aquarell/Tusche/Bütten · 27 x 20

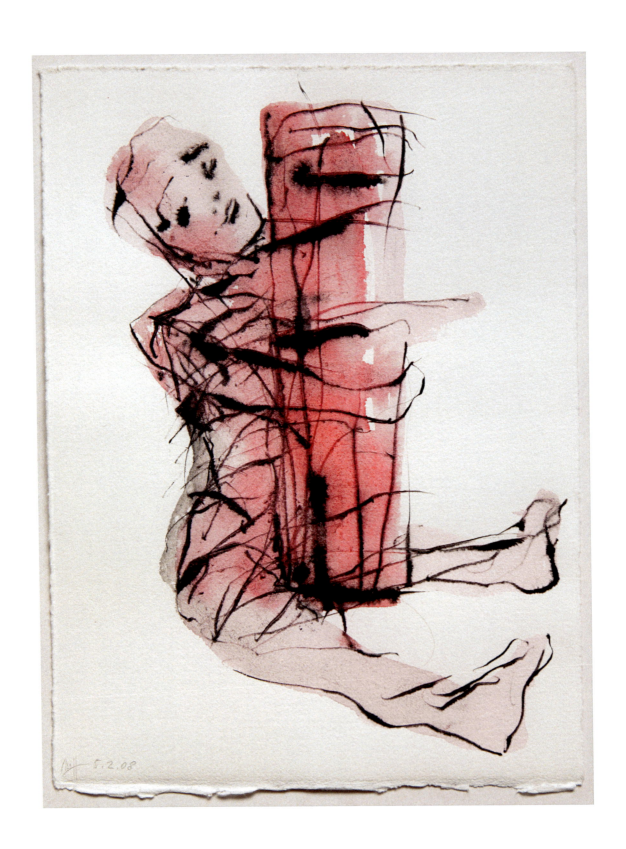

LAST X · 2008 · Aquarell/Tusche/Bütten · 27 x 20

REIGEN IV–VI · 2005 · Öl/Leinwand · 200 x 70

BIOGRAFIE

1963	in Leipzig geboren
1983	Abschluss Fachschulausbildung als MTA
1984–90	Arbeit in verschiedenen Berufen
1984–87	künstlerische Druckwerkstatt Leipzig
1986	Geburt Sohn Fabian
1990	Geburt Sohn Hannes
1991–92	Abendakademie an der Hochschule für Grafik und Buchkunst Leipzig
seit 1992	freiberufliche Künstlerin
1997	7. Grafiksymposion Hohenossig
2000	Stipendium der Kulturstiftung des Freistaates Sachsen
2003	Förderpreis der Sparkasse Bayreuth
2003	Stipendium der Aldegrever Gesellschaft
2007	Symposium Licht- und Siebdruck, Leipzig
2007	Lithographiesymposium STEIN WERK Leipzig
2008	Stipendium Atelier de Gravure Paris
2009	artists in residens Künstlerhaus Hohenossig
2009	Stipendium Aldegrever Gesellschaft
2010	Förderung der Kulturstiftung des Freistaates Sachsen

AUSSTELLUNGEN (AUSWAHL)

2002	»Goldsucher« Feiningerhaus Dessau	(E, K)
2003	»Wieviel Erde braucht der Mensch« Germanisches Nationalmuseum Nürnberg	(B, K)
2003	»Brücken« Leibnizhaus Hannover	(E)
2004	»Versagen der Erinnerung« Kunstmuseum Hollfeld	(E)
2004	»Goldsucher« Museum für Druckkunst Leipzig	(E)
2004	»Die Leipziger Schule. blick in die sammlung/5« Kunsthalle Leipzig	(B, K)
2005	»Von der Stille vor dem Anstieg« Dom zu Naumburg	(E)
2005	»Leipziger Jahresausstellung«	(B, K)
2006	»gedichtet I gezeichnet. dichter und künstler im dialog. die sammlung hartmann« Palais Thurn und Taxis Bregenz	(B, K)
2006	»Arche« Grafikbörse Leipzig	(B, K)
2006	»Neue deutsche Malerei – Leipziger Kunst. Sammlung Zeitgenössische Malerei und Grafik der VNG«, Warschau, Posen, Krakau	(B, K)
2006	»lebenslang«, Landgericht Leipzig	(E)
2007	»Reigen« Galerie Profil Weimar	(E)
2007	»Hochdruck« Galerie VorOrtOst	(B)
2007	»Nocturne« Galerie im Künstlerhaus Hohenossig	(E)
2007	»Arche« Leipziger Grafikbörse im Cite Internationale Arts, Paris	(B)
2008	»Episode X« Neuer Sächsischer Kunstverein Dresden; Stadtgeschichtliches Museum Leipzig; Neue Sächsische Galerie Chemnitz	(B, K)
2008	»Kopfüber« Kunstverein Panitzsch e.V.	(E)
2008	»Landschaft« Galerie Irrgang, Leipzig	(B)
2008	»Botanica« Galerie Profil, Weimar	(E)
2008	Galerie der Hochschule für Telekommunikation Leipzig	(E)
2008	»Nocturne«Galerie Bode, Karlsruhe	(E)
2008	Galerie Irrgang, Leipzig	(B)
2009	»Estampes« Festhalle des Rathauses 11. Arrondissement Paris	(B)
2009	Galerie Bode auf der art KARLSRUHE 2009	
2009	»Begegnung« Galerie Koenitz Leipzig	(E)
2009	»EAST – for the record« Galerie für zeitgenössische Kunst	(B)
2009	»Nur ein bisschen Kunst« Kunsthalle der Sparkasse Leipzig	(B)
2009	»Kunst in Leipzig« Galerie Irrgang, Leipzig	(B)
2010	»Arbeiten auf Leinwand und Papier« Galerie Bürgerhaus, Zella-Mehlis	(E)
2010	»Die Kunst des Lichtdrucks« Museum für Druckkunst, Leipzig	(B)
2010	»Druckgrafik aus dem Künstlerhaus Hohenossig« Deutsche Bank Leipzig-Mitte	(B)
2010	»Mäander« Galerie Bode, Karlsruhe	(E)
2010	»staccato« Kulturspeicher Oldenburg im Stadtmuseum	(E)
2011	»VON KAISERBLAU BIS LUXUSSCHWARZ« Grafikmuseum Stiftung Schreiner, Bad Steben	(B, K)
2011	»Die Lebenslinie. Bildende Künstler zum Werk Volker Brauns.« Galerie VORORTOST, Leipzig	(B)
2011	»Luft-Druck« Neue Sächsische Galerie Chemnitz	(B, K)
2011	Volker Baumgart und Madeleine Heublein, Galerie Irrgang, Leipzig	(E)
2012	Madeleine Heublein und Susanne Werdin, Galerie K, Leuven, Belgien	(E)

(K)=Katalog (E)=Einzelausstellung (B)=Beteiligung

ARBEITEN IM ÖFFENTLICHEN BESITZ

Aldegrever Gesellschaft
Sammlung Sächsischer Landtag Dresden
BDO Deutsche Warentreuhand
Deutsche Telekom Immobilien und Service GmbH
Dresdner Bank AG
Ernsting Stiftung Coesfeld
Kulturstiftung des Freistaates Sachsen
Kunstsammlung der Sparkasse Leipzig
Neue Sächsische Galerie Chemnitz
Regierungspräsidium Leipzig
Westfälisches Landesmuseum Münster
Sparkasse Delitzsch
Vorarlberger Landesbibliothek Bregenz
Städtische Sammlung Galerie Albstadt
weitere Arbeiten befinden sich im privaten Besitz

BIBLIOGRAFIE

Künstlerhaus Hohenossig (Hg.): Impressit. Passage Verlag; Leipzig 2000
Claus Baumann (Hg.): Kunst im Bau. Seemann Verlag; Leipzig 2003
Ausstellungskatalog Hallen-Bilder-Objekte; Kunsthalle Elsterpark Leipzig 1994
Ausstellungskatalog Genius loci. Aspekte von Nähe und Ferne; Grassi-Museum Leipzig 1995
Ausstellungskatalog Madeleine Heublein: Zeugen. ARTCO Galerie; Leipzig 1996
Ausstellungskatalog Symposium 1997. 7. Sächsisches Druckgrafik-Symposium; Leipzig 1997
Ausstellungskatalog Fetisch-Fetisch; Leipzig 1998
Ausstellungskatalog Was ist der Mensch?; München 2001
Ausstellungskatalog Madeleine Heublein: Goldsucher; Leipzig 2002
Ausstellungskatalog 100 Sächsische Grafiken; Chemnitz 1996, 1998, 2000, 2002, 2003, 2010
Ausstellungskatalog Die Leipziger Schule. blick in die sammlung /1 – 5; Leipzig, 2001, 2002, 2003, 2004
Ausstellungskatalog »gedichtet I gezeichnet. dichter und künstler im dialog. die sammlung hartmann«. Vorarlberger Landesbibliothek, Wolfgang Neugebauer Verlag, Bregenz und Feldkirch/Graz 2006
Ausstellungskatalog »Die Arche« Leipziger Grafikbörse. Leipzig 2006
»Sammlung Zeitgenössische Malerei und Grafik der VNG«. Verbundnetz Gas AG, Leipzig 2006
Ausstellungskatalog Madeleine Heublein: JOCH, Edition Dorothee Bode, Karlsruhe 2010
    Gefördert durch die Kulturstiftung des Freistaates Sachsen
Ausstellungskatalog »LUFT-DRUCK« 31. Leipziger Grafikbörse, 2010
Ausstellungskatalog »VON KAISERBLAU BIS LUXUSSCHWARZ« Grafik Museum Stiftung Schreiner, Bad Steben, 2011

Impressum

1. Auflage

© für die abgebildeten Werke bei Madeleine Heublein, für die Texte bei den jeweiligen Autoren

Autor: Dr. Ina Gille
Fotografie: Fabian Heublein
Satz und Druck: Buchfabrik Halle · www.buchfabrik-halle.de

© Projekte-Verlag Cornelius GmbH
Halle (Saale) 2012 · www.projekte-verlag.de

Mitglied im Börsenverein des Deutschen Buchhandels

ISBN 978-3-86237-757-2
Preis 99,50 Euro